GEORGE-RICHARD
DE L'ODÉON

LES SOCIÉTAIRES

DU

SECOND THÉATRE-FRANÇAIS

NOTE

Demandée par M. Edmond Turquet, *Sous-Secrétaire d'État, Directeur des Beaux-Arts.*

PARIS
TRESSE, ÉDITEUR
GALERIE DU THÉATRE-FRANÇAIS
PALAIS-ROYAL

1879

LA

QUESTION DE L'ODÉON

NOTE

Demandée par Monsieur le Sous-Secrétaire d'État,
Directeur des Beaux-Arts.

> Quand on s'occupera des questions d'enseignement public, on verra que les pièces de théâtre peuvent être transformées en une morale très active et très rigoureuse.
>
> MIRABEAU.

> Le théâtre est une des branches de l'enseignement populaire. — Responsable de la moralité du peuple, l'État ne doit pas jouer un rôle négatif, il doit installer des théâtres qu'il gouvernera et où la pensée sociale se fera jour.
>
> VICTOR HUGO.

MONSIEUR LE SOUS-SECRÉTAIRE D'ÉTAT,

En inscrivant en tête de la note que vous m'avez fait l'honneur de me demander les déclarations qui précèdent, je ne veux qu'appuyer par cette citation votre sentiment personnel, que vous avez bien voulu me faire connaître.

Le théâtre peut et doit être le complément aimable de l'instruction générale; à ce titre, l'administration lui doit : surveillance, protection, tutelle.

Les entreprises théâtrales particulières restant absolument libres, il est de toute nécessité, pour atténuer les dangers que le mercantilisme fait forcément courir à la saine littérature dramatique, que l'Etat conserve *dans sa main* quelques scènes surveillées et dotées, ayant pour mission de maintenir l'art dans des régions sereines et de former des artistes dignes d'interpréter cet art.

Je ne veux m'occuper ici que des scènes de comédie et de drame. Il en est deux que l'administration doit protéger et conduire : la Comédie-Française et l'Odéon.

La Comédie-Française est sans conteste le premier théâtre du monde, par la richesse de son répertoire et aussi par la qualité de ses artistes. Mais le désir de voir grossir outre mesure la part attribuée à chacun des coopérants sur des bénéfices déjà considérables, fait verser quelquefois cette grande maison dans ce que j'appellerai l'*ornière commerciale* ; vous avez constaté le mal, monsieur le sous-secrétaire d'Etat vous saurez évidemment prescrire le remède.

J'ai à vous entretenir plus particulièrement de l'Odéon, que je crois bien connaître, dont les destinées ne sauraient me laisser indifférent, et qui doit être pour l'art dramatique comme une sorte d'école d'application.

Vous n'ignorez pas, monsieur, que sous les régimes précédents la direction de l'Odéon était le plus souvent considérée comme une bague qu'on mettait au doigt d'un favori. A chaque vacance les compétiteurs se présentaient en foule et le plus appuyé l'emportait. Il ne saurait en être ainsi sous un gouvernement républicain. Il n'y a plus aujourd'hui à distribuer des faveurs, il faut songer aux intérêts du plus grand nombre ; c'est-à-dire en ce qui concerne l'Odéon, aux intérêts des écrivains dramatiques vraiment dignes de ce nom, et aussi aux intérêts et à la dignité des comédiens.

Je crois fermement, monsieur le sous-secrétaire d'Etat, que pour atteindre le but que vous vous proposez, pour concilier les intérêts des écrivains avec les intérêts des comédiens, pour assurer la représentation fréquente d'œuvres nouvelles, pour donner au public l'occasion de signaler les hommes d'avenir, pour offrir aux comédiens laborieux la situation qui leur est indispensable, à laquelle ils ont droit, il y a lieu de changer le régime actuel du Théâtre National de l'Odéon.

Le régime que j'ai l'honneur de vous proposer, monsieur, c'est la transformation du système de *direction* en un *sociétariat* calqué sur celui de la Comédie-Française.

Je me demande depuis longtemps, et beaucoup de bons esprits demandent avec moi, pourquoi cette inégalité de situation entre deux théâtres qui concourent au même but. N'y a-t-il pas là une injustice qui saute aux yeux ? Et si on réfléchit que l'Odéon est tenu de rechercher et de représenter les jeunes écrivains, d'*élever* des auteurs dramatiques, l'injustice est plus criante encore.

En effet, la Comédie-Française n'a pas comme l'Odéon, l'obligation absolue de jouer *les jeunes*. Son comité de lecture prend ce qui lui semble de premier ordre, sans distinction d'origine ; il doit se montrer d'une grande sévérité dans ses choix, n'admettre que ce qui est comme on dit : *de la maison*. Là on ne doit jouer que des pièces *finies*, *bien au point*.

L'Odéon doit au contraire accueillir les œuvres qui sont ce que j'appellerai *des promesses* ; il doit en outre faire une bonne place à ces œuvres charmantes, désignées sous le nom de répertoire de second ordre ; à ces pièces signées Picard, Sedaine, Collé, Piron, Collin d'Harleville, Fabre d'Eglantine, etc. ; lesquelles pièces la Comédie-Française laisse forcément de côté, faute de place et de temps.

La Comédie Française, me disait dernièrement mon savant maître et ami M. Régnier professeur au Conservatoire ; la Comédie-Française, par la richesse même de son merveilleux et colossal répertoire, est condamnée à l'immobilité. C'est donc à l'Odéon qu'incombe la portion de charges, d'obligations auxquelles sa sœur aînée ne peut suffire. Il n'en fut point ainsi jusqu'à présent; à vous, monsieur le sous-secrétaire d'Etat, le devoir et l'honneur de remettre les choses en leur place.

On répondra à ces arguments que si de nos deux théâtres classiques, la Comédie-Française et l'Odéon, l'un est libre et l'autre en tutelle, c'est que le premier est un théâtre de maîtres et le second un théâtre d'élèves.

Les gens qui raisonnent ainsi ne se font pas une

idée suffisamment juste de la situation effective des deux maisons ; dans chacune d'elles il devrait y avoir des maîtres.

Maîtres de premier ordre à la Comédie-Française.

Maîtres de second ordre à l'Odéon.

La Comédie-Française est la *Sorbonne*, le *Collége de France*, de l'art dramatique, elle a ses élèves.

Nous nous efforcerons, nous, à l'Odéon, d'être de modestes et laborieux professeurs de *Lycées* ; nous ferons faire les premières études pratiques.

Chaque maison aura ses disciples, et les nôtres passeront des bancs du collége aux amphithéâtres de la grande faculté.

Croyez-vous, monsieur le sous-secrétaire d'Etat, qui ce soit trop de deux *maisons mères*, pour former des sujets à peu près convenables ? Ne songeons pas à Paris seulement ; il y a les provinces françaises et leurs villes, grandes, moyennes et petites.

Qui doit les alimenter?

Si comme moi vous aviez l'occasion de visiter souvent les théâtres provinciaux, vous seriez douloureusement impressionné.

Faites, une bonne fois, un voyage d'inspection intelligente, et vous reviendrez convaincu que nous manquons de moyens d'étude.

Mais, comme il faut à tout homme qui enseigne, l'autorité et surtout la dignité, affranchissez l'Odéon en créant chez nous un sociétariat.

Ce qui fait la force de la Comédie-Française, c'est moins son ancienneté que sa constitution. Il y a là vingt sociétaires hommes ou femmes, tous gens de valeur, ayant voix délibérative ou consultative, c'est une sorte de république, qui a sa législation et son président; pas d'autocratie; parfois, des dissentiments de coteries, où n'y en a-t-il pas? Cela n'est point toujours mauvais, d'ailleurs;

où il y a discussion il y a forcément lumière.

Et quelle puissance de production! la Comédie-Française, à elle seule, joue plus de pièces que dix théâtres de Paris ensemble.

Pensons aux écrivains d'abord.

Dans le nouveau mode d'administration, que j'ai l'honneur de vous proposer, monsieur, on doit trouver toutes les garanties désirables, pour les auteurs dramatiques. La condition des comédiens une fois fixée, leur avenir assuré par la certitude du travail, leur dignité sauvegardée par l'usage d'une initiative sagement réglementée, leur responsabilité bien engagée, vous verrez quelle somme d'efforts ils produiront.

Lorsque les comédiens de l'Odéon se sentiront chez eux, travaillant pour eux, gagnant en raison directe de leur activité, à l'abri de la fantaisie, de l'autocratie d'un maître, soyez assuré qu'ils iront d'eux-mêmes à la découverte de l'œuvre qui doit honorer et enrichir la maison.

Chacun tiendra à honneur de produire son sujet.

De tout temps il en fut ainsi rue Richelieu, c'est en fouillant avec ardeur, et lorsqu'on a intérêt à fouiller, qu'on déterre des bijoux.

Ceux qui connaissent imparfaitement les choses du théâtre, me diront peut-être : Vous subordonnez, dans l'ensemble de votre projet, les auteurs aux comédiens, l'écrivain à ses interprètes.

Je veux aller au-devant de cette objection qui n'est que spécieuse.

Les auteurs *arrivés*, *consacrés*, peuvent parfois, imposer un comédien, *le lancer*. Les comédiens *arrivés*, *consacrés*, ont tous, ou presque tous, fait connaître un écrivain.

Combien de talents inconnus ont été mis en lumière par nos maîtres, Samson, Régnier, Got, Delaunay, Coquelin, Lafontaine. Par mes camarades Saint-Germain, Pierre Berton, Dieudonné, Porel ; je n'ose me citer moi-même.

Lorsque madame Pauline Viardot, cette grande artiste doublée d'une grande patriote, allait à l'Opéra, un rouleau de musique à la main, porter la partition de *Sapho*, ce jour-là elle nous donnait Gounod, l'immortel auteur de *Faust*.

Et d'ailleurs vingt paires de bons yeux voient plus clair qu'une paire de lunettes.

Venons à la question budgétaire.

Dire que le mode d'administration que j'ai l'honneur de vous proposer sera plus économique que l'ancien, évidemment non. Mais au moment où l'on cherche, par tous les moyens possibles, à grossir les ressources affectées à l'instruction publique, la question d'argent doit-elle faire repousser une demande équitable? Les théâtres appartenant à l'Etat, font partie de l'instruction publique.

Et d'ailleurs, Monsieur, si j'ai bien compris votre pensée, cette difficulté ne vous arrêtera pas dans la voie des réformes utiles.

Vous avez songé, m'a-t-on dit, à racheter au titulaire actuel de la direction de l'Odéon, le matériel d'exploitation. C'est un acheminement vers mon projet.

Il faut aussi augmenter notablement la subvention.

Il faut enfin créer une caisse de pensions.

A propos de la création de cette caisse, ce qui sera un acte de justice élémentaire, permettez-moi de faire valoir quelques considérations.

Quelle iniquité que la situation faite aux artistes et employés du Second-Théâtre-Français! Les comédiens de la grande maison, régis par le décret de Moscou, revu et *bonifié* par un décret de Napoléon Bonaparte alors Président de la République Française, les comédiens du Premier-Théâtre-Français, dis-je, sont au cours de leur service, garantis contre toute fantaisie directoriale ; il faut une décision du comité, sanctionnée par acte ministériel, pour modifier ou changer leur situation. C'est là une belle sauvegarde. Puis, après dix ans de sociétariat, ils ont droit à une pension de retraite, laquelle augmente dans des proportions notables si on reste en service vingt ou trente ans, comme font la plupart des sociétaires.

Il y a à la Comédie-Française, des pensions de retraite qui sont liquidées à 6,000, et 7,000 francs.

Les comédiens du Second-Théâtre-Français n'ont rien, absolument rien. Ni sécurité au cours de leur service, ni assurance de la vie matérielle après ce même service. S'ils ne passent pas de la seconde maison dans la première, s'ils sont sans fortune, voyez, monsieur, quel sort les attend.

Ils sont pourtant, tout comme les autres au service de l'Etat, les deux théâtres étant subventionnés.

Je veux donner un exemple, entre autres, de l'injuste délaissement que je signale : il y a peu d'années, un de nos camarades, artiste de mérite, qui pendant une longue carrière avait rendu de grands services à la maison, s'éteignait tristement après une longue agonie. Notre société de secours dut pourvoir aux frais de ses funérailles et recueillir ses enfants, et pendant les derniers mois de sa vie il n'avait eu d'autres ressources que les libéralités de notre directeur.

Et parmi nos petits employés, cette classe si intéressante et toujours oubliée : un brave serviteur qui comptait plus de trente années de service, dut abandonner sa place par suite d'infirmités incurables. On le casa tant bien que mal dans un refuge, et aujourd'hui encore, ses anciens camarades, quoique pauvres comme il était lui-même, se cotisent pour mettre dans sa poche cinquante centimes par semaine.

Les directeurs de l'Odéon ont toujours été secourables en pareille occasion, je le sais, et le directeur actuel est particulièrement généreux ; mais il ne peut suffire à tous les besoins, et d'ailleurs ce qu'il donne n'a jamais que le caractère d'un secours, d'une aumône.

Cela n'est pas digne.

Le Premier-Théâtre-Français a été constitué et doté par deux Empereurs. Nous attendons du gouvernement républicain qu'il constitue le Second-Théâtre-Français en une société digne, honorée, utile.

. . .

Arrivé à ce point de mon rapport, j'ai connaissance d'une petite brochure qui porte ce titre :

LA QUESTION DE L'ODÉON.

Lettre à mon Éditeur.

L'auteur, un jeune écrivain d'avenir, M. Paul Ferrier, qui garde l'anonyme je ne sais pas pourquoi, se fait l'écho d'un petit groupe qui envisage les choses à un point de vue légèrement égoïste. De plus, il m'a semblé, dans les dernières lignes de son opuscule, *in cauda venenum*, poser discrètement sa candidature. Qu'il me permette de le combattre, lui et tous ceux de mes amis ou confrères qui voudront substituer une question de personne à une question d'intérêt général.

Mon jeune confrère affirme que l'Odéon doit être dirigé par la Comédie-Française et que les bénéfices de son exploitation doivent s'ajouter aux bénéfices (déjà formidables) de la *maison de Molière*.

Je me permets de trouver ces prétentions excessives.

La Comédie-Française avec les charges que lui impose sa haute mission, n'a pas trop de toutes ses ressources si puissantes qu'elles soient, elle ne doit, pour aucun prix et dans aucun cas, les amoindrir en les divisant.

Mais, le pire résultat du projet préconisé par M. Ferrier, serait d'empêcher tout net ce que je prétends provoquer, c'est-à-dire, non pas la concurrence, on ne fait pas concurrence à la Comédie-Française, mais L'ÉMULATION.

Je demande au contraire deux théâtres bien séparés, bien libres d'action, et deux troupes distinctes, jouant parfois le même répertoire.

Là est la garantie des efforts.

Le jour où notre grande comédie sentira derrière elle une compagnie telle que je voudrais qu'il fût permis de la composer, elle n'aurait que plus de mérite à rester la première.

Je garantis qu'on verrait parfois de belles joûtes.

En matière d'art, qui dit émulation dit progrès, c'est là une vérité de la Palisse.

Quant à augmenter encore les bénéfices du Théâtre-Français au détriment des comédiens de l'Odéon si peu favorisés déjà, je vous fais juge, monsieur le sous-secrétaire d'Etat, de l'équité d'une pareille proposition.

En ce qui concerne les auteurs dramatiques, je puis vous dire le sentiment de la majorité : de même que pour la bonne exécution des œuvres, il faut deux troupes indépendantes, disons rivales ; de même, dans l'intérêt des auteurs il faut deux comités choisissant les pièces en toute liberté.

Il se produirait alors des faits curieux, comme il s'en est produit déjà d'ailleurs. Telle pièce refusée par les aînés, jouée plus de cent fois par les cadets.

Encore un argument en faveur du projet que j'ai l'honneur de vous soumettre, monsieur, argument capital, selon moi.

Dans l'état actuel des choses, quel sort est fait à nos élèves du Conservatoire, ces jeunes gens auxquels vous devez votre appui. Après les épreuves de fin d'année, et pour obéir aux règlements, la Comédie-Française accorde de loin en loin un début à un lauréat que le plus souvent elle ne garde pas. Le candidat accueilli, découragé par une attente trop prolongée perd patience, et demande à s'en aller. Le comité le laisse partir.

Le comité est-il coupable ? non.

Les exigences d'une riche clientèle, le prix élevé des places, tout l'oblige à ne risquer aux feux de sa rampe que des comédiens éprouvés.

C'est donc sur une autre scène que les aspirants doivent aller faire leur stage.

Sur la scène de l'Odéon, évidemment. L'Odéon est-il plus hospitalier pour les élèves du Conservatoire? Oui, sans doute, mais la proportion n'est pas suffisante.

Etant donné que la Comédie-Française n'emploie aujourd'hui que des comédiens d'élite, l'Odéon reste le seul théâtre d'Étude ; il doit donc chaque année accueillir un nombre relativement important de jeunes élèves.

C'est ici que je veux montrer les réels avantages du *Sociétariat Odéonien* :

L'Odéon ayant cette double mission : produire les écrivains nouveaux et instruire les jeunes comédiens, *il lui faut de toute nécessité une compagnie double.*

Des comédiens d'expérience et des acteurs jeunes.

Tel auteur nouveau, peut se révéler en maître dès la première œuvre, c'est là l'exception.

En général, la pièce acceptée contient ce que j'ai appelé des *promesses* ; elle est plus littéraire que solide, souvent bien écrite, quelquefois bien pensée, rarement elle est bien construite.

Pour défendre devant le public de nos *premières*, des œuvres audacieuses, poétiques, vigoureuses, étranges, mais souvent inégales ou indécises, il faut des comédiens d'expérience, de grande expérience ! je veux donc, pour interpréter les œuvres nouvelles, des acteurs éprouvés.

Pour former, pour mûrir des comédiens jeunes, sans expérience suffisante, il faut les mettre aux prises avec des œuvres faites, indiscutables. Aux jeunes musiciens on impose les grands symphonistes ; aux jeunes peintres, aux jeunes sculpteurs on conseille l'étude patiente de l'Antique, à nos élèves du Conservatoire, il faut imposer pendant quelque temps l'étude pratique des maîtres classiques. Je veux donc de vieux comédiens pour défendre la jeune littérature et de la vieille littérature pour dresser les jeunes comédiens.

Là est la garantie.

Donc, à l'Odéon, une vingtaine de sociétaires ; comédiens ayant fait leurs preuves, et autant de jeunes élèves résolus à gagner leurs éperons.

Bien entendu, cette classification n'a rien d'absolu, dans nombre de cas les deux éléments seront mêlés, ce qui donnera aux anciens l'occasion de surveiller les cadets, et à ceux-ci le loisir d'étudier leurs instructeurs.

Le projet que j'ai l'honneur de vous soumettre, monsieur, permet de donner aisément toute satisfaction sur les deux points que je viens d'indiquer.

L'Odéon, pendant les neuf mois de son exploitation, peut donner *quarante* matinées, les dimanches et jours fériés. Ajoutez les représentations réglementaires du Vendredi consacrées au répertoire de premier et de second ordre, cela fait environ soixante-quinze représentations de pièces classiques. Eh bien, à ce chiffre je veux ajouter quarante représentations qui seront données le jeudi de deux à quatre heures après midi (deux heures de spectacle, pas davantage) ; lesquelles représentations seront exclusivement réservées aux élèves des Ecoles Communales de la ville de Paris.

Le programme de ces représentations sera réglé soigneusement, sous les yeux du directeur de l'enseignement primaire. Chaque spectacle sera précédé d'une courte conférence, sorte de préface à cette récréation. Je voudrais que ces *causeries*, simples et familières, fussent faites par des instituteurs ; il y a des hommes de valeur parmi ces modestes.

J'ai la ferme conviction que grâce à cette innovation, nous arracherons dans un temps donné, une bonne portion de clientèle aux vendeurs de littérature interlope.

Nos jeunes élèves feront naturellement les frais de ces spectacles. C'est donc, en plus des matinées du dimanche et des spectacles du vendredi, *quarante* épreuves nouvelles, grâce auxquelles ils pourront se faire apprécier dans des rôles de quelque importance.

Ce que l'Odéon fera pour les écoles communales, je voudrais que la Comédie Française le fît pour les Lycées.

Ceci soit dit en passant.

Avant d'entrer dans le détail des chiffres, je veux traiter cette question délicate :

La possibilité de composer *le sociétariat du Second-Théâtre-Français.*

Où prendre les sujets, me dira-t-on? Hélas! monsieur, c'est le fonds qui manque le moins.

L'abus de la féerie, des pièces à femmes, de l'opérette, fait de tristes loisirs à quantité d'excellents artistes. L'Odéon compte déjà quelques bons sujets, il n'y a qu'à choisir pour compléter le nombre. Tous ne seront pas *les grands corrects* qu'il faut pour la Comédie-Française, sans quoi ils y seraient depuis longtemps. Mais, combien de comédiens de haute valeur qui seraient honorés de prendre une place au Second-Théâtre Français. Ils y apporteraient une note un peu moins classique, sans doute, mais peut-être plus vivante.

Il est dangereux de préciser parmi les vivants. Je veux chercher une comparaison parmi les morts.

Supposez encore de ce monde, ces grands artistes : Lesueur, Mélingue, Arnal, etc., etc., pour ne parler que des hommes ; supposez-les libres de leur temps ; croyez-vous qu'on n'én ferait pas de merveilleux sociétaires du Second-Théâtre-Français ? Qu'ils manquent de l'habitude suffisante, de la correction voulue pour jouer spécialement Molière, Corneille, Racine ; mais, quels puissants défenseurs de la littérature dramatique contemporaine.

Les héritiers de ces hommes ne manquent pas.

De plus, ils sont écœurés.

Dans les théâtres qui les emploient, pas une œuvre nouvelle digne de leur talent, quelques reprises rabâchées et c'est tout. Sachons les faire venir à l'Odéon.

Maintenant quelques chiffres sommaires.

Il faut acheter le matériel (à dire d'experts, comme le prescrit le cahier des charges), soit au maximum. . . . . 150, 000 fr.

Il faut porter la subvention à . . 200, 000 fr.

Sur la subvention, une somme de 50,000 francs sera chaque année mise en réserve pour créer la caisse de pensions aux comédiens.

Pour les représentations réservées aux Ecoles Communales, le conseil municipal nous allouera, j'en ai l'assurance, une subvention annuelle de 20,000 francs.

Comme chaque année 60,000 élèves participeront à nos récréations, c'est 0 fr. 30 centimes par tête d'élève.

Cette subvention municipale sera affectée à la création de la caisse de pensions aux employés.

Tous les intérêts sont donc sauvegardés.

Ces sommes seront à peine suffisantes, je le sais ; le travail fera le reste.

A l'aide de quelles ressources faire face à ces dépenses nouvelles ?

Une somme assez ronde reste disponible par suite de la disparition de deux théâtres : l'Opéra Italien et le Théâtre Lyrique.

Va-t-on encore l'engloutir dans ce gouffre qui s'appelle le grand Opéra, lequel nous coûte déjà *soixante-dix millions !!*

Ferez-vous, Monsieur, comme vos prédécesseurs qui ne s'inquiétaient que de la musique ?

Laisserez-vous dans un injuste abandon, la littérature dramatique française, une de nos gloires incontestées.

Je me résume :

La Comédie-Française doit rester chez elle. C'est un MUSÉE, comme dit fort bien mon confrère Paul Ferrier.

L'Odéon doit être libre.

Il doit *serrer de près* la grande compagnie, ce qui l'empêchera de s'endormir parfois.

L'Odéon doit être la Comédie-Française à bon marché. — Le prix des places y sera à la portée des bourses moyennes et petites.

Théâtre *de quartier*, l'Odéon doit offrir des avantages aux étudiants, aux universitaires.

Théâtre de récréation instructive, il doit recevoir, à des conditions plus que modiques, les élèves des écoles communales.

Les comédiens doivent y trouver, sous la surveillance de l'Etat, sécurité et dignité.

Pour cela il faut beaucoup de surveillance et un peu d'argent.

C'est ce que nous attendons avec confiance d'un gouvernement vraiment républicain.

Recevez, Monsieur le Sous-Secrétaire d'Etat, l'assurance de mon respect.

Paris, mai 1879.

GEORGE RICHARD.

Auteur dramatique,

Ex-Pensionnaire de l'Odéon.

IMPRIMERIE GÉNÉRALE DE CHATILLON-SUR-SEINE, JEANNE ROBERT